∴ 이혜정 그림산문집 ∴

익숙한 얼굴

초판1쇄 인쇄 2024년 11월 29일
초판1쇄 발행 2024년 12월 1일

글쓴이 이혜정

펴낸이 김희진
펴낸곳 도서출판 Book Manager   **주소** 전주시 완산구 메너머 4길 25-6
전화 (063) 226.4321   **팩스** (063) 226.4330

전자우편 102030@hanmail.net

출판등록 제1998-000007호

ISBN 979-11-94372-10-3(03810)
값 12,000원

· 잘못된 책은 바꿔드립니다.
· 이 책의 저작권은 저자와 북매니저에 있습니다.
· 작품의 무단 복제 및 전재를 금합니다.

익숙한 얼굴

이 혜 정

책을 내면서

　어릴 적 서울 용산에 집을 마련한 부모님은 조모와 살던 나를 불러들였다.
　개울과 들판을 뛰어다니던 나는 한강 건너 노량진에 있는 유치원에 보내졌다. 어려운 환경이었지만 늘 보여주지 못한 부모님 나름의 애정 표현이었을 것이다.
　1년간 한강 다리를 걸어서 다니고 내 생에서 유일한 개근상을 받았다.
　내 그림의 영감은 이때 태어났을지도 모른다. 어린 나에게 굽이굽이 흐르는 강물은 푸른 청룡같이 느껴지는 두려움의 대상이었다. 또 그 깊이 모를 무한한 호기심의 근원이기도 했다. 가도 가도 끝이 없던 유치원 가는 길을 뚜벅뚜벅 걸었던 그 뚝심으로 그림을 그리고 글을 쓰게 된 것 같다.
　과거와 타인은 절대 바뀔 수 없는 두 가지라 한다.
　자신을 오래 바라보지 않고 남을 바꾸려고만 했던 나, 이제 글을 쓰며 내 속에 묻혀 있는 바람을 마주하고 성찰하려 한다. 글쓰기와 그리기를 통해 세상과 공감하는 이 계절이 나의 화양연화는 아닐까.
　글과 그림은 내 가는 길의 표지판이자 가로등이다.

| 목 차 |

책을 내면서/ 5

1부

빛 속으로

사마귀의 천국/*Heaven of mantis* ·············· 12
카타콤베/*Catacombe* ·············· 18
5월/*May* ·············· 20
4월과 6월 사이/*Between April and June* ·············· 22
8월/*August* ·············· 24
눈이 고장났어요/*My eyes are broken* ·············· 26
수선화/*Daeeodil* ·············· 28
나르시시스트/*A narcissist* ·············· 30
날아라/*Fly away* ·············· 32
질주 본능/*A galloping instinct* ·············· 36
가로질러 가기/*To go across* ·············· 38
스틸 라이프/*Still life* ·············· 40

2부

시간 속으로

플라타너스의 꿈/Dream of the Platanus ············ 46
쿠키/Cookie ······································· 48
반다비/Bandabi ···································· 50
살면서/In my life ································· 52
기도/Prayer ······································· 54
순종하다/Obey ····································· 56
위로/Condolence ··································· 58
사순절/Lent ······································· 60
가을/Fall ··· 62
생각 외우기/Memorizing thoughts ··················· 64
눈/Snow ··· 66
익숙한 얼굴/A familiar face ······················· 68

3부

바람 속으로

쑥버무리/Destiny like mugwort rice cake ·········· 72
구름나무의 이력/Cloud tree history ·············· 76
꽃이 피었다/The flowers have bloomed ·········· 78
불꽃같이/Like a flame ························· 80
첩의 맛/The taste of concubine ················ 82
영원한 잠/Eternal sleep ······················· 84
몽니/Grumpy ································· 86
바다/Ocean ·································· 90
오늘/Today ·································· 92
술람미 여인/A woman of sulam beauty ·········· 94
정원에서/In the garden ······················· 96
불릿 헤드/Bullet Head ························ 98

4부

사람 속으로

바람 부는 대로/*As the wind blows* ·············· 102
골목 어귀에서/*At the entrance of an alley* ······ 106
기일/*An anniversary of the death* ············· 110
당신을 기다립니다/*I'm waiting for you* ········· 112
채이/*Chae Ee*······································ 114
세라피나 소천하다/*Serapina goes to her death* ··· 118
아버지/*Father* ·································· 120
새벽/*Dawn*······································· 122
꽃 소리/*The sound of flower* ················· 124
소실의 자리/*A place of destruction* ············ 126
만나를 거두는 시간/*Time to collect Manna* ······ 130
빛 속으로/*Into the light* ························ 132

책을 마치며/135

1부

빛 속으로

사마귀의 천국 / Heaven of mantis
Digital art, 2023, by 고 김향옥

미술원을 운영하는 나에게 아버지는 거의 매일 그림을 배우러 오신다. 오늘따라 그림에 집중하지 못하고 뭔가 허전한 눈빛이다.

"이제 우리 나이 또래가 둘밖에 남지 않았어."

왠지 처량한 아버지의 푸념에 며칠 전 통화했던 친구의 가냘픈 목소리가 들리는 듯했다.

"내가 좀 아파. 지난번 네 전화를 못 받았네. 좀 괜찮아지면 전화할게."

아버지 목소리인지 친구인지 모를 부석대는 불협 소음이, 윙윙대는 9월이 지나고 있다.

서둘러 지나는 여름을 붙잡고 싶은 늦더위가 연일 기승부리고 일교차 또한 유난 떨며 옥상의 속을 달군다. 정원이라고 하기에는 소박한 옥상 꽃밭은 공중의 오아시스를 자처하는 듯 푸름이 더욱 그늘을 늘리고 있다. 아침부터 고지대의 외딴 풀밭으로 누군가 찾아들었다. 시커먼 갈퀴 앞발로 풀잎을 잡고 고인 이슬을 홀짝이고 있는 사마귀. 나비 이외의 벌레라면 질색이었다. 공들인 꽃밭에 어울리지 않을 것 같은 커다란 사마귀를 잡아채 허공으로 던져야 할 것 같았다. 몸통을 잡을지? 톱니 같은 다리를 잡을지 어쭙잖은 궁리를 하는 사이 푸르게 변신을 시도하던 손님은 어디론가 사라져 버렸다.

어떤 삶은 초대받지 못한 불청객이 되어 낯선 땅을 헤매곤 한다. 무턱대고 오른 공중의 문턱 너머엔 많은 꽃들이 피고 지며 그 누구도 침공할 수 없는 그들만의 요새를 만들었다. 우후죽순으로 솟아오른 빌딩 속의 푸른 섬, 여러 식물이 인연을 맺고 있는 옥상이었다. 그들은 잦은 열대성 폭우에 떠내려갈까 봐 빈약한 흙더미뿐인 생의 영역을 얼키설키 움켜쥐고 있다. 또한 자신들의 은밀한 꽃잎을 열어 지상의 벌나비를 불러 모아 후대를 기약하곤 했다. 그 유혹의 페로몬에 사마귀 또한 끌려왔던 것일까. 그러나 번식의 향연장 어디에도 침입자의 푸른 날개는 보이지 않았다. 태양의 폭정에 타격받은 옥상이 주체하지 못할 화병(火病)을 쏟아낸 것일까. 도피처로서 파라다이스를 꿈꾸며 찾은 그 바닥의 본심을 알아버린 것인가. 나는 침입자를 놓친 아쉬움에 주변을 둘러보았다.

이튿날 옥상 창고 뒤편에서 박제된 듯 굳어 있는 사마귀를 발견했다. 좁은 통로 담벼락이 된 사마귀, 양쪽 벽을 번갈아 타며 빠져나갈 통로를 찾은 듯 얇은 날개가 찢겨 있었다. 밤새 쑤시고 다닌 호기심의 막장이었다. 아직 숨이 붙어 있는지 빗자루로 툭 치니 기다란 날개가 펄럭펄럭 한 자나 날았다. 지탱해 주던 벽을 밀치며 떨어져 나갔다.

'아! 너는 날개가 있었지. 전력을 다한 날갯짓으로 지상을 빠져나와 이 건조한 공중으로 잠입한 것이었지. 절해고도의 외로움도 견딜 수 있었고 여린 몸이 부서질지라도 도달하고 싶었던 희망의 땅, 그러나 네가 뛰어든 이곳에는 아무것도 없었어. 다시 돌아갈 출구조차도.'

낯선 전화번호 수신음에 휴대 전화를 들었다.

"안녕하세요. 향옥의 남편입니다. 한참을 생각해서 전화 드립니다. 종종 혜정 씨 얘기를 해서 연락드려야 할 것 같아 연락드려요. 아내가 세브란스 중환자실로 들어갔어요. 오늘 아침 딸과 최종 면회를 했습니다. 그동안 오래 견뎠지요. 재발 후 항암치료를 하며 7년 견뎠어요. 이제 면회가 불가하답니다. 그냥 기다리는 중이지요."

며칠 전 신열에 들뜬 그녀와 통화한 것이 마지막이 될 줄 몰랐다. 십여 년 전에 발견한 난소암이 재발하고 치료에 매진했건만 이제 그 치열한 전투에 백기를 들고 중환자실에 누워 있을 그녀를 떠올렸다. 그녀와 함께했던 학창 시절이 주마등처럼 스쳤다. 그녀가 상상을 초월하는 아픔을 견디며 병원을 오갈 수 있는 힘이 무엇이었을까. 이제 성인이 되어 대소변을 받아내며 병시중을 드는 그녀의 딸이 성장하기를 기다렸던 것은 아니었을까. 엄마의 빈자리에도 꿋꿋하게 견딜 수 있는 마음의 근육이 붙기를 기다렸을 것이다. 왈칵 눈물이 쏟아졌다. 기약도 없는 완치 판정을 고대했을 친구, 유난히 독립심이 강해 남에게 폐 끼치는 것을 극도로 싫어했던 그녀는 암과 싸운 십여 년 세월 동안 헝클어진 모습을 친구들에게도 보이지 않았었다.

낯빛이 더욱 짙어지는 그늘 속으로 몸을 감춘 사마귀를 집어 들었다. 순간 찢긴 날개가 바스락거리며 뻣뻣한 몸통을 뚫고 푸른 기운이 새어나가는 듯 날개가 떨렸다. 마지막 혼신을 다해 내쉬는 숨소리인 듯 날갯짓이 떠돌던 바람을 찢긴 날개 사이로 초대했다. 잿빛의 뿌연 눈동자를 마주했다. 이생의 마지막이 꺼져가는 불빛이었다. 부서질 것 같은 날개를 들어올려 허공으로 날렸다.
 '너 왔던 곳이 천국이지.'
 '한 평 침상에서 저편을 향해 발을 떼고 있을 친구여! 이제는 이승의 사슬을 툭툭 끊어버리고 저 너른 풀밭으로 날아가라. 더 이상 혈관을 찾을 수 없이 헤진 날개여 가냘픈 그녀의 등에서 힘차게 날갯짓 하거라.'
 죽마고우 없는 적막한 상황에 도달한 아버지조차도 쉽게 발을 떼지 못하는 세상, 그러나 나는 알고 있다. 바라는 저쪽은 우리가 당연히 되돌아가야 할 고향이요. 안식처라는 것을. 푸른 옥상에 불시착한 사마귀를 하늘로 날려 보내는 순간 나도 나의 섬을 떠나고 있다는 것을 알았다. 승선 시간을 알려주지 않았던, 방향도 목적지도 모른 채 타고 있는 배는 물결과 한몸이 되어 흔들린다. 어느새 익숙한 갑판에서 비틀거리며 멀어지는 점을 바라본다. 섬을 떠나 숲으로 가는 중이다. 천국이라는 숲으로.

- 수필 「사마귀의 천국」 전문

카타콤베/ Catacombe
Oil on canvas, 2023

네모난 무덤으로 이주하는 사람들
한 치 앞도 보이지 않는
칠흑을 더듬으며
쉬지 않고 몰아치는 파랑을 피해
구불구불 자신을 구부렸다
박해자의 그물을 피해
바닥 없는 어둠 속으로
떠밀려가는 무리들
입구는 빗장을 질러 버리고
죽어야 나갈 수 있는 어둠의 바닥에서
빛의 터를 넓히며 길을 늘렸다
지느러미로 음각한 기도가
펄펄 살아서 벽을 뚫고 다녀도
흥정도 없이 내몰린 생명을
잡아들이던 그물 속에는
가시만 남은 통곡이 버둥거리고 있었다
죽어서야 볼 수 있는 하늘의 밑변
모든 틈새를 막아버린
종착지에는
길 잃은 물고기들이 가득했다.

- 詩 「카타콤베」 전문

5월 / May
Oil on canvas, 2022

노란 향기가 새어 나왔다
눈부신 빛이었지만 볼 수가 없다
잡고 싶은 웃음이었지만 너무 멀리 달아나
기억조차 뭉툭하다
발바닥이 간지러워 달려가고 싶었다
눈가에 커다란 점이 있던
토끼의 이름이었다
그녀만 보면 품어주고 싶었다
그러나
너무 멀리 있는 오월이었다
너는 귀가 크지 않고
털이 많지도 않았던
빨리 뛰지도 못하는 단어
그래서
가슴에서 여전히 뒷걸음치는 계절.

4월과 6월 사이 / Between April and June
Mixed media on canvas, 2024

4월을 기억하지만
흐드러진 봄을 밀쳐내는 6월
누구나 만개(滿開)의 순간에 머물고 싶다.
잊히는 색들을 기억하고 싶지만
지난 것은 잡을 수 없는 것
과거는 쉽게 녹스는 시간이지.
꽃들이 수장되고 10년이 지났어도
여전히 철쭉은 피고 진다,
노인의 계절처럼 빠르게 노화되는 동안
우리는 다시
아우성치는 4월을 기다린다.

8월 / August
Acrylic on canvas 2024

빛을 잃어가고 있었다.

누군가 또 다른 꽃을 피워내는 중이라고 한다.
혹독한 시절을 보낸 것은 나뿐만이 아니었다.
겨우내 초록 잎사귀를 모두 잃은
에인절 트럼펫,
봄을 만끽하지도 못하고 시간이 흐른다며
시든 꽃잎을 흔든다.
모든 꽃은 활짝 피어나고 싶다.
어떤 꽃은 피기도 전에 밑바닥으로 떨어지지만,
곧 투명해질 것이다.
빛이 된 것이다.
타는 듯한 열기에 떨어지는 너를 위해
어둠 끄트머리에서 새벽이 기다리곤 했다.

머뭇거리지 않는 계절
가슴속 금빛 나팔을 불자
노란 꽃잎들이 다시 춤추기 시작했다.

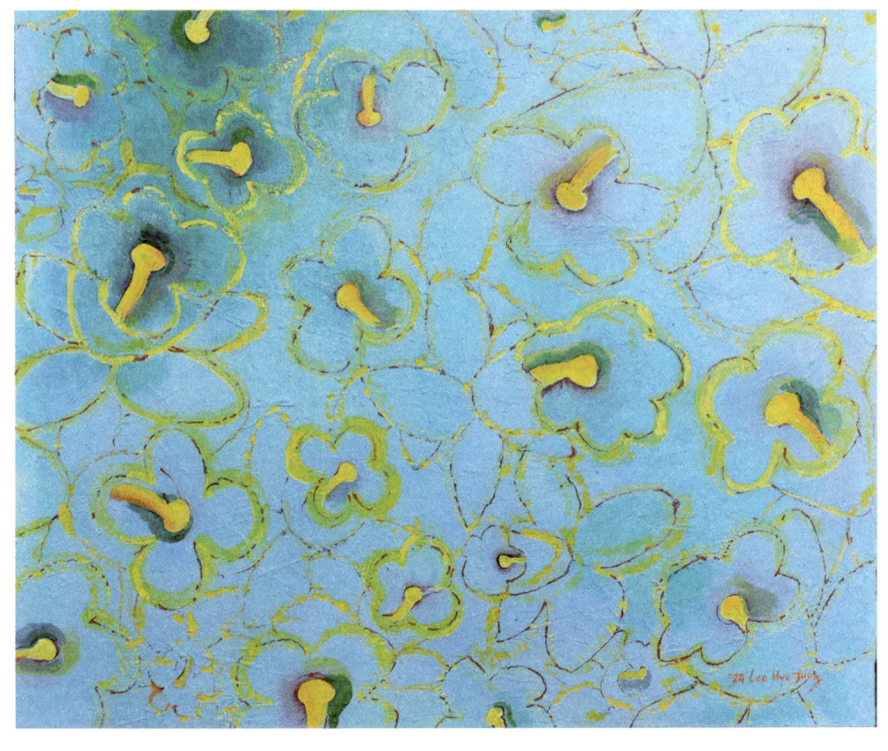

눈이 고장 났어요 / My eyes are broken
Acrylic on canvas, 2024

눈에 빨대가 꽂힌 듯
시야가 좁아졌다.
어느 날엔 천장이 코앞에 달라붙어
눈앞을 차지하고 있었다.
또 그다음 날엔
창문을 반쯤 연 커튼이
물음표를 그리고 있었다.
똑바로 보고 싶어 고개를 절레절레 흔들었지만
돌아오지 않는 시야,
가장 열정적으로 살고 있다고 생각한 때에
빛을 잃어가고 있었다.
다들 노화라고 했다.

수선화 / Daffodil
Acrylic on canvas 2024

끝이 보이는 것 같아 희망이 자랄까 싶어
어둠 속으로 들어갔지.
거기, 노랗게 꼬리표를 단 내가 있었어.

나르시시스트 / A narcissist
Acrylic on paper, 2024

가끔은 물뱀처럼 징그러워지고 싶었어.
빛나는 윤슬 아래
구불구불 물줄기를 헤치고 나가면
환호가 터질 줄 알았지.
물같이 되고 싶어 물결이 됐지.
자주 소용돌이치는 수렁을 돌고 있었어.
나를 흔드는 무늬들이 날마다
꿈틀거리며 복제되고 있었지.

날아라 / Fly away
pen drawing on paper, 2023

입동이 지나자, 새벽 산책길을 가로막는 눈발이 철모르고 휘날리는 꽃잎 같다. 가만히 피부에 와 앉아 스르르 그 형체를 버리고 물기만 남기고 사라지기도 한다.

5년 전 눈발 날리던 날 집에서 기르던 흰둥이를 산 너머 농장으로 보냈었다. 농장주가 찾아온 날 주인의 결심을 아는 듯 두려움에 떠는 개는 평소 으르렁대던 기세를 펴지 못하고 한껏 풀이 죽어 있었다. 부들거리며 떠는 몸을 트럭에 들어올리는데 차가운 눈발이 손등에 떨어졌다. 두려움에서인지 싸늘해야 할 개의 눈빛은 사라지고 미안함에 나도 개도 눈을 맞추지 못했다. 공짜로 받아서는 안 된다는 농장주에게 단돈 만 원을 받고 보내버린 흰둥이, 그 초라한 비용이 낡은 트럭을 타고 이승을 떠나는 막차 값이었는지 모르겠다. 위기를 직감한 듯 바들거리며 떠는 개를 매몰차게 번쩍 들어올려 놓았었다. 농장 주인은 밍키의 목 사슬을 트럭 한 귀퉁이에 매달았다. 옴짝달싹할 수 없이 짐칸에 매어버린 개는 얼음처럼 굳어 있었다. 뒤도 돌아보지 않는 흰둥이에게 마음속으로 인사를 했다. '밍키야 잘 가라.' 순간 나의 눈에서 커다란 눈물이 뚝 떨어졌다. 후회가 급하게 몰려왔다. 보내면 안 되는 것 아닌가. 짧은 순간 흰둥이와 있었던 기억들이 주마등처럼 스쳤다. 아니 두 갈래 의견이 서로 싸우고 있었다.

아버님이 돌아가시고 남편은 유난히 슬퍼했다. 아버님이 생각날 때면 눈물 고인 눈동자로 멍하니 사색에 잠기곤 했다. 예전 우리의 선조들은 부모상에 3년을 근신하며 지냈다고 하는데 남편 또한 그러한 우울감이 3년 동안 지속되었다. 1년이 지났을 때 개를 키우면 좋아질 것 같아서 멀리 지방까지 가서 입양한 것이 진돗개 흰둥이다. 2개월이 지난 강아지는 비쩍 마르고 다리가 긴 것이 원래 날씬한 종인 것 같았다. 몸집이 일 년 만에 성견이 되었다. 족보 있는 견종 티를 내나 민첩하기가 이를 데 없어 멀리서 던져주는 간식을 놓치는 법이 없었다. 우리는 개를 좋아할 뿐 키우는 데는 초보 견주였다. 출근하고 나면 혼자 있을 애완견이 심심할까 봐 친구를 한 마리 더 입양하자고 합의를 봤다. 마침, 지인의 농장에 믹스견이 새끼를 낳았다고 해서 데려왔다. 새로 온 누렁이를 쿠키라고 이름 짓고 밍키랑 같이 지내게 했다. 쿠키 또한 일 년이 채 못 되어 몸집이 성견이 되었다. 누렁이가 커감에 따라 자신과 동급으로 커진 흰둥이의 시샘이 심해졌다. 간혹 누렁이를 쓰다듬기라도 하려 치면 어느 순간 이를 드러내고 으르렁 겁박하기 일쑤로 쿠키가 우리들 주변에 얼씬도 못 하게 했다. 만만하지 않았던 쿠키 성격에 둘이 치고받고 물어뜯으며 싸우곤 하는 일상의 연속이었다. 치열한 사랑 쟁탈전, 야생으로 돌아간 것처럼 그들의 싸움은 꼭 피를 보고 상처를 남겼다. 한 번은 쿠키의 목을 물고 놓지 않는 밍키를 플라스틱 의자로 크게 가격하고 나서야 떼어낼 수 있었다. 혼내는 남편을 흰둥이는 노려봤다. 첫정을 배신당한 눈동자로. 급기야 둘을 격리하기 시작했다. 누렁이가 두 번 죽을 고비를 넘기고 나서야 우리는 흰둥이를 파양하기로 했다.

우여곡절 수소문 끝에 뒷산 넘어 농장으로 보내고서야 늘 전쟁터 같았던 집 안에 평화가 찾아온 듯했다. 그러나 그 맹목적으로 사랑을 갈구했던 어린 짐승의 두려움에 떨던 눈동자를 잊을 수가 없었다. 일 년이 지난 후 농장 주가 농장을 지키던 흰둥이와 몇몇 개들을 도둑맞았다는 소식을 전해왔다. 뒷산을 산책하다 어디론가 지나가는 하얀 들개를 보며 혹 밍키가 아닐지 두리번거리곤 했다. 홀로 탈출해서 야산을 돌아다니는 것은 아닐까 하는 마음에서였다. 서늘하게 싸라기눈이 흩날리는 계절마다 무한 반복되는 후회가 찾아오기도 한다.

'보내지 말 것을'

힘들어도 같이 살 것을 이라는 자책감이 싸라기눈처럼 휘날린다. 흰둥이 밍키가 우리 집을 떠난 지 한참을 지났지만, 여전히 컹컹 짖는 소리가 귓가에 울린다.

평생을 의지하던 아버님과의 이별을 삭이는 데 3년의 세월로도 부족했던 남편, 2년 남짓 키우던 개와의 이별은 5년이 지나도 내 가슴 한쪽을 시리게 한다. 미련이 남겨진 사랑에는 세월의 길이와 상관없이 그리움이 크다는 것을 깨닫게 된다. 마음의 공유 표면적이 넓었던 우리의 짧은 인연이 참으로 귀했던 것임이 틀림없다. 그럼에도 시간이 약이라고 흰둥이에 대한 기억이 점점 희미해진다. 목숨 걸며 사랑을 쟁취하려 했던 우리 개가 보고 싶은 겨울이다.

- 수필 「날아라 흰둥아」전문

질주 본능 / A galloping instinct
Oil pastel on paper, 2024

목적지를 잃어버린 퇴근

점점 어두워지는데

빛이 될 수 있을 것 같아

몸이 타는지도 모르고 달려갔다.

창밖에서 너도 달리고 있었다.

지하의 먼지를 뒤집어쓰고

시간의 결을 달리고 있었다.

모두 빛처럼 빨리 달리고 있었다.

가로질러 가기 / To go across
Oil on canvas, 2024

보이지 않을 정도로
세월이 빠르게 흐를 때마다
하얗게 포말을 일으키며 밤을 새웠다.

고향을 떠나온 고무나무처럼
이미 내 피는 푸르게 변색했는데
지름길을 가야 했다.

가로질러 간다는 것은 평탄하지 않다는 것,
새벽까지 떠 있는 달같이
나도 보름이 되다가
이지러져 삭망이 될 때도 있는 거였다.

이번 휴가에는 고향에 갈 수 있을까.

아무리 빨리 달려도
여전히 고향에 가지 못하고 있다.

스틸 라이프 / Still life
Oil on canvas, 2006

몸이 반란을 일으키기 시작했다. 기억은 가끔씩 집을 나가면서 미안해 하지도 않았다. 어느 날 동네에서 우연히 마주친 안사돈을 보고 참 낯이 많이 익은 사람이라고 생각했다. 한참 만에 손을 흔들며 반가워하는 안사돈을 알아차리고 넙죽 당황스러운 인사를 주고받은 기억이 있다. 노화로 생기는 건망증이라 자위했지만 몸은 점점 노쇠한 신음을 내고 있었다.

아이들이 초등학교에 적응하자 미루던 공부를 하기 위해 대학원에 원서를 넣었다. 직장과 육아를 병행하면서 시작한 삼중고의 나날이었다. 1분 1초가 아쉬워 마트에 가더라도 뛰어가던 시절, 뛰지 않고 걸어오는 나를 보고 마트 직원은 '왜 뛰지 않느냐'고 반문한 적도 있던 시절이었다. 무리한 일정에 심한 요통에 시달리기도 했다.

수필과 시로 등단하고 나니 당나라 시인, 이백의 삶이 부럽지 않은 시간이다. 생활도 안정된 요즘이 인생 최고의 호시절인 것이다. 드넓은 바다를 향하여 쉬지 않고 달려온 물길처럼 머물고 싶은 육지에 도착했다는 생각이 들었다. 그러나 내 속 깊은 곳에선 피워보지 못한 꽃씨들이 움트고 있었는지 모른다. 세월이 지날수록 가만히 있지 못하고 조급한 심정이 되어갔다. 늘 무언가를 해야만 하는 내게 노년이란 말은 미지수였다. 예측할 수 없는 미래를 잡으려는 욕심인지 눈을 비비며 읽고 쓰고 무언가를 작업해야만 직성이 풀렸다. 열심히 사는 것이 시간을 존중하는 것이라 믿었다.

 오래 타던 승용차를 바꾸는 것은 낡고 노후한 차량에 부품을 교체하는 것보다 새로 구입하는 것이 더 효율성이 있어서일 것이다. 자동차의 생애 주기처럼 당연히 맞이하는 노화의 시간에 나는 새로 태어나기 위해서 어떤 부품을 교체해야 할 것인가.

 아니면 조용히 멈춰 서야 할까.

 미처 고속도로를 빠져나오지 못한 몸의 부품들이 자주 브레이크를 건다.

 2013년에 만들어진 영국 영화 움베르토 파솔리니의 「스틸 라이프」의 주인공 존 메이는 케닝턴 구청 22년 차 공무원이다. 홀로 죽음을 맞이한 사람들의 장례를 치러주고 지인들을 찾아 장례에 초대하는 일을 한다. 영화 속에서 고독사한 사람들의 가족들은 비용 부담 없는 장례식조차 오려고 하지 않았다. 존 메이는 아무도 찾지 않는 초라한 장례식 묘비에 들어갈 사진을 정성껏 고르곤 했다. 시에서는 예산 절감과 메이의 느린 일 처리로 해고 통보를 한다. 그의 집 맞은편에 살면서 고독사한 빌리는 전쟁의 후유증으로 인해 노숙자가 됐다. 해고 통보를 받은 메이는 그의 장례식을 치러주기 위해 며칠간의 해고 연기를 얻어냈다. 전국을 떠돌며 그와 관계된 가족들을 찾는 과정 중 그의 딸을 알게 되고 그녀를 만나러 가는 도중 메이 자신이 교통사고로 죽음을 맞이한다. 메이가 애쓴 덕분에 장례식은 빌리를 기억하는 많은 사람들의 추모로 이루어졌다. 반면 44세로 죽음을 맞이한 메이의 묘지에는 아무도 찾아오는 이가 없었다. 그러나 쓸쓸한 그의 묘지에 그가 추모했던 많은 영혼이 하나둘 모여 죽음의 세상에 입문한 메이를 환영했다. 평생 쏟아부은 은덕의 결과였다.

'Still life'는 영어로는 정물화를 의미한다. 이러한 정물화에서 상징은 여러 가지를 의미한다. 16~17세기 네덜란드와 플랑드르 지역에서 유행한 바니타스(Vanitas) 정물화에서 가장 많이 등장하는 것이 잘린 꽃이나 해골이다. 그 소재들은 죽음을 상징하기도 한다. 바니타스는 라틴어 형용사 바누스(vanus)가 어원으로 헛되고 헛되다는 뜻이다. 곧 시들 장미꽃이나 해골을 그리는 것은 누구도 죽음을 피할 수 없다는 의미로 소재를 삼았을 것이다. 흑사병과 30년 전쟁으로 수많은 인명을 손실한 중세 유럽에서 물질이나 세속적인 즐거움의 무가치함을 깨닫게 하고 만인은 절대적으로 죽음 앞에 평등하다는 것을 일깨우려는 시대를 통찰하는 예술가들의 몸부림은 아니었을까. 'Still'이란 시간의 무상함 속에서도 여전히 계속되는 것을 의미하기도 한다. 잠시 멈춰야 되는 시간은 질주본능의 우로보로스*를 빠져나올 필연의 순간이다.

잠시 평온해진 손을 여전히 쉬지 않고 뛰어야 하는 이들을 위해 내밀어야겠다고 생각한 것은 고독사한 이들을 위해 자신의 마지막을 선사한 영화, 「Still life」의 존 메이를 보았기 때문인지 모른다. 60여 년을 제 꼬리를 먹어치우는 순환의 고리를 뛰어다녔다. 이제는 말려버린 나의 꼬리를 풀고 땅의 기운을 느끼며 살아야 할 때다. 그리고 '대충'이라는 것을 내 속에 심어야겠다. 불완전한 존재가 완벽을 추구한다는 것이야말로 다양한 통증을 소환하는 것이다. '완벽한 마지막'이라는 강박으로 영원히 쉬지 못하는 존재로 전락하지 말자. 정지는 아니더라도 천천히 자연을 느끼고 걸으며 현재에 멈춘 사람들과 눈을 맞춰야겠다. 거북이같이 뒤뚱뒤뚱.

* 그리스 신화의 뱀의 형상을 한 생물의 이름으로 자신의 꼬리부터 먹어치우는 동시에 재생하는 것을 끝없이 반복하는 것을 의미.

2부

시간 속으로

플라타너스의 꿈 / Dream of the Platanus
Acrylic on paper, 2024

너는 여전히 꿈을 꾸는구나.
온통 버짐 핀 네 얼굴을 보며
왜 그런지 알았지.

여름 내내 뜨거운 햇살을 모아
수많은 종을 만든 너,
잘 영근 종소리는 '내일은 맑음'처럼 들려.
밤늦게 도서관 문을 밀치며 나오는 이들과
일터에서 지친 발걸음을 옮기는 이들에게
광장만 한 그늘을 드리우고 싶었니?

오늘도 타는 듯한 햇볕 아래 서 있는
너의 빛나는 이력이
세상을 밝혀 주리라는 것을
우리 모두 알고 있어.

나도 휴식을 꿈꾸러 가야겠다.

쿠키 / Cookie
Acrylic on paper, 2024

얼마 안 있으면

내 나이가 되는 개.

과자를 던져줘도 받아먹지 못하는 개.

그러나 누구보다 산을 잘 타던 개.

혼자서 문 따고 나왔다가

소방대원 그물채에 걸렸던 개.

아무리 높은 울타리라도 타고 넘어

파피용으로 불렸던 개.

집 안에 소변을 보기 싫어 물 먹기를 거부하는 개.

잡식이지만 콩과 오이는 싫어하는 개.

고양이와 전생에, 원수였던 개.

'학원 가자' 부르면 껑충껑충 앞장서는 개,

'잘 시간이야.' 부르면 다다닥 안방으로 들어가는 개.

'목욕' 소리에 어디론가 사라지는 개.

가만히 눈을 마주치면 고개를 돌리는 수줍은 개.

스토커란 별명이 붙어 늙어가는 개.

문소리에 다리를 절룩이면서도 뛰어나오던 개.

이제는

'쿠키'하고 불러도 뒤돌아보지 않는 개.

우리 쿠키입니다.

반다비 / Bandabi
Mixed media on canvas, 2024

어두움이 발톱을 내밀자
가슴의 반달 무늬를 긁어대는 고양이
오래된 느티나무 아래 어미가 비비던 낡은 말뚝에
새 이름이 입주했다
가벼운 것을 버리고 더 묵직하게 내려앉아
'나비야' 불러도 꿈쩍하지 않는 이름
무심했던 풍경을 잡으려 바람은 휘돌고
구름에 가려진 햇빛도 앓아누워
갸릉갸릉
잠긴 숲의 망루를 넘보던 빗방울이 꼬리 내리고 찾는데
그 어디에도 초록의 흔적이 없다
어미 송곳니가 독한 미끼를 물은 날의 신음
잘린 둥치 주름을 늘리던
우 으아
낯익은 냄새를 맡은 오수의 꿈을 깨고
올라앉은 나무둥치,
산다는 것이 한때는 침묵하는 것일지도 모르지만
꿈 저편이 그리워질 때마다
어린 곰인지 고양이인지 모를 가느다란 울음이
그치지 않았다.

- 詩 「반다비」 전문

살면서 / In my life
Oil on canvas, 2022

살면서

수제비가 먹고 싶은 저녁,
서둘러 밀가루 반죽을 치댄다.
팔팔 끓어오르는 물속에서 떼어낸 밀가루 반죽이
하얀 배를 드러내고 떠오른다.
쑥, 어미 가자미 뱃속을 빠져나와
떼 지어 칭얼대는 어린 치어들같이
요리조리 국자를 피해 가는 조각들,
얼마나 바닥을 쓸었길래 눈도 코도 쓸려나갔을까.
뜯기면 뜯기는 대로 떠다니던 부유의 삶을
누군가는 맛있게 익어간다고 응원했겠지.
행복은 나눠주는 것이라는 것을
아흔이 넘고야 알았다는 철학자처럼
배곯은 창자의 아우성을 잠재우려
납작하게 저민 살점을 보시하는 것이
행복을 나눠주는 것임을 알았던 수제비일까?
주무르고 늘리던 일상도 간을 봐야 하는 시간,
하얀 가자미 한 숟가락 떠먹는다.
살면서
행복 한 숟가락 후루룩.

기도 / Prayer
Oil on canvas, 2022

가만히 듣는다

또르르 물 흐르는 소리

침묵하라고 대답하는 듯하다

화산처럼 터지는 타박에도

침묵하라고

길을 알려주는 신의 소리

침묵이 다시 침묵했다

살아온 길을 기뻐하라고

조용조용히

눈물 한 방울 떨어트렸다.

순종하다 / Obey
Oil on canvas, 2022

겨울 끄트머리에 찾은 새벽기도회,

오월 봄비가 허공을 적신다.
쪼르르
어디선가 물 따르는 소리
보온병처럼 꼭 잠긴 생각이
둥지 튼 미움과 드잡이하는데
열리지 않던 생각을 돌리며
소경 되었던 시간을 따라낸다.
옛것을 따라내고 고개 숙일 때
골 깊이 숨었던 아픔이 소리 지른다.
통곡보다 더 크게 그분을 불렀다.
어둠을 밝히는 빛이 되고 싶다고
수렁 같은 속내가 단단해질 때까지
계속되는 고백,

회복의 생수를 마시는 중이다.

위로 / Condolence
Oil on canvas, 2022

하루가 퉁퉁 부었다
종종걸음으로 고객 비위 맞추던 종아리
돗자리 펴듯
붉게 달아오른 옥상에 펼쳐놓았다
언제부턴가 가슴에 스며든 낯선 멍울
호미 날에 들러붙은 쇠비름같이
방심한 틈을 파고들어 영토를 넓히는데
사그라지는 시간을 달래는 노을
삐죽삐죽 튀어나온 안테나 사이를
서성이던 바람 데려와
잔뜩 부은 종아리를 토닥인다.

사순절 / Lent
Oil on canvas, 2022

고요 가운데 들리는 소리 있어

그건 더 침묵하라는 소리

어둠 가운데 흔들리는 파문 있어

그건 실로암으로 뛰어들어

어둠을 떼어내라는 소리

빛이 닿지 않던 도시에서

꽹과리 울리며 심판하는 자들은

정녕 죽으리라 하신 당신의 소리

십자가 지고 오르던 무릎으로 기어오르는

골고다의 울림.

가을 / Fall
Oil on canvas, 2015

가슴 먹먹한 붓질이 지나갈 때마다
납작하게 마른 물방울을 되살려낸다.
내가 연꽃의 눈물과 씨름하는 동안
친구는 하늘 공원에 갔다.
접신을 할 거라는 그녀
어떻게 접신을 하려고 하는지
높이 떠도는 구름을 휘파람으로 유인하려나
떠오른 친구를 바라보는 구름을 생각하니
나도 뛰어오르고 싶다.
슬픔을 다듬던 붓을 던져 버리고 싶을 즈음
그녀에게 나무 신이 강림했을 것이다.
풍선처럼 부풀어 떠오른 내게도
하늘이 가득 찰 것이다.
너무 멀리 있는 우리를 이어줄 하늘이
내게 다가왔다.

생각 외우기 / Memorizing thoughts
Oil on canvas, 2022

글씨가 지워졌네요.

생각하고 글을 써 봐. 지울 수가 없을 거야.

글씨가 예뻐졌으면 좋겠어요.

허무한 거야. 글씨만 잘 쓰면 뭐 하니?

예쁘면 보기 좋잖아요.

다 쓰고 나면 버릴 거잖아.

나를 위한 것이 아니에요.

선생님을 위해 쓰는 거예요.

너를 위해 써 봐. 버릴 수 없게!

내 밖에 돌아다니는 나를 외워봅니다.

언젠가 나를 쓸 수 있겠지요.

눈 / Snow
Oil on canvas, 2022

사납게 입담을 토해낸 지난밤

뜬눈으로 지새우고 일어난 아침
누군가 먼저 찾아왔다

얼마나 사나운 밤을 뚫고 왔는지
놀이 끝난 다트판 같다

누구 왔어요?
다시 보자는 눈빛이라도 기대했던가
여전히 멈춰 있는 약속
나보다 더 독하게 지웠나 보다

문밖에

눈이

하얗게 쌓여 있다.

익숙한 얼굴 / A familiar face
Acrylic on canvas, 2022

사랑을 잃는다는 것은

무례해진다는 것, 성낸다는 것,

오래 참지 못하는 것, 자랑하는 것,

불친절하게 되는 것, 믿지 못하는 것에

익숙하게 된다는 것이다.

익었다는 것은

예전의 익숙함에서 벗어나는 것

처음의 나를 찾아내는 것,

다시

익숙한 얼굴을 사랑하는 것,

익숙함을 견딜 수 있다는 것이다.

3부

바람 속으로

쑥버무리 / Destiny like mugwort rice cake
Water color on paper, 2023

그림과 연관된 일에서 벗어나려 했지만 결국 그 일에 종사하고 있는 나를 보며 팔자는 정해져 있는 것인가 보다고 생각한다.

가르치고 있는 마을 드로잉반의 이번 주 주제는 '그리움'이었다. 몇 달 후에 있을 전시회를 위해 구체적인 소재를 가지고 그림을 그려야 할 터였다. 회원들에게 그리운 것이 무엇이 있냐고 서두를 던지자 선뜻 나서지 못하고 눈치를 보던 중 누군가 말문을 열었다.

"제 친구가 암에 걸렸어요. 그 친구의 건강함이 지금은 너무나 그리운 존재네요."

"그러면 그 친구가 생각나는 물건을 한번 그려보세요."

"어릴 적 어머니께서 따주시던 연시를 그리며 어머니를 떠올려 보세요. 어머니와의 추억을 돌이켜보면 어떨까요?"

그리운 대상을 직접 그리지 말고 대체되는 상관물로 표현해 보라 했다. 그럼에도 회원 한 분이 몇 달 전 돌아가신 어머니 얼굴을 그렸다. 앙상하게 마른 모습이지만 밝게 웃고 계셨다. 실제보다 대체되는 진실은 없다. 가장 먼저 떠오르는 형상이 가장 그리운 상관물인 것이다.

내 유년의 한 장면이 떠올랐다. 김이 모락모락 풍기는 가마솥 안 가득 찬 옥수수, 집안 사정상 유년기를 할머니와 보내게 된 나에게 옥수수 철이 되면 텃밭의 옥수수가, 딸기 철이 되면 딸기가 간식거리가 되곤 했다. 시골 구석에 맡겨진 손녀를 위해서 최선을 다해 먹이고 싶어 하셨던 할머니와의 추억은 돌아가신 지 삼십여 년이 되었는데도 언제나 생생하다.

할머니의 삶은 남편이 있었음에도 거의 과부라 할 만큼 외로우셨다. 6·25전쟁 전후로, 좌익으로 몰린 집안에서 할아버지가 살길은 삶의 터전을 떠나는 것뿐이었다. 그런 까닭에 할아버지는 집안에서 생존한 몇 안 되는 남자로 남게 되었다. 외지로 떠돌던 할아버지는 혼자가 아니었다. 훤칠한 외모에 늘 시앗들이 따라붙었다. 할머니가 중풍으로 돌아가시고도 할아버지는 고향으로 돌아오지 못하고 타지에서 돌아가셨다.

할머니는 자신의 박복함에 대해 어린 나에게 그것은 자신의 팔자소관이라고 하시곤 했다. 그 시기 유일하게 감정을 쏟아낼 수 있는 가족이 어린 손녀였다.

몽골계통의 한국인들이 어느 정도 광대뼈가 돌출되어 있듯이 나의 할머니 또한 유난히 관골궁(옆광대)이 튀어나와서 강한 인상을 주었다. 요즘같이 여성의 사회생활이 왕성한 시대에서는 오히려 매력으로 다가왔을 광대뼈가 할머니에게는 팔자 사나운 관상이었.

'광대뼈가 나온 여자는 사회적인 욕망이 강하고 기대치가 높아 원만한 부부 생활이 어렵고 팔자가 드세다.'는 SNS 설명에 피식 웃어 버린 적이 있지만 그때 그러한 삶을 살았던 할머니가 겹치기도 했다.

노년에 들어 틀니를 해 넣느라 치아를 다 뺀 모습에서야 드센 인상이 수그러들며 일생 중 천진한 어린아이의 모습을 찾은 할머니!

일제 치하를 거쳐 서른이 갓 넘어 마주한 전쟁은 할머니의 삶을 파란만장하게 이끌기에 충분했다. 19세 나이에 할머니는 양반집이라는 허울에 세 살 연하의 할아버지에게 시집와서 세 명의 자녀를 낳았다. 큰딸은 어릴 때 잃고 남편이 객지로 떠돌기 시작하자 생활전선에 뛰어들었다. 두 아들을 키우기 위해 직접 키운 배추로 김치를 만들어 여러 번 차량을 바꿔 타며 서울까지 가서 팔곤 했다. 전쟁으로 풍비박산 난 큰집으로 둘째 아들을 양자로 보내고 나선 그 허한 가슴을 시골 조그만 교회에 의지했다. 새벽마다 이불 속에서 공허함을 채워달라고 부르짖었다. 그러나 구멍이 숭숭 뚫린 가슴속에서 무언가 끊임없이 새어 나가고 있었다. 죄책감에도 끊지 못한 담뱃갑이 노년까지 옷장 한 곁을 차지한 이유일 것이다.

　분단이라는 소용돌이를 겪은 슬픔의 서사가 할머니에게 더 도드라지는 광대뼈를 선사했지만, 한 가정의 가장으로서 할머니는 가족을 포기하지 않았다. 모든 방법을 다해서 가족을 살리려 했다. 가부장제의 굴레에서도 할머니의 치열한 도전과 희생으로 후손들은 팔자가 올라가는 삶을 영위하고 있는지 모르겠다. 광대뼈가 매력 포인트가 되는 시대에 살고 있는 나 또한 할머니의 유전인자를 가진 덕택인지 독립적이고 활동적인 삶을 산다. 그러나 나도 나 자신을 위해 살아가는 시간을 벗어내고 있다. 가끔 타인을 위해서 웃어주고 맞춰주는 광대처럼 살고 싶어질 때가 있으니 말이다. 시절 인연들과 더불어 닥친 문제들을 온몸으로 대면하면서 점점 소심해지는 나의 광대뼈를 자신있게 올려본다. 내가 선택한 광대의 팔자는 웃어야만 올라가는 광대뼈의 삶이다.

　푹 쪄내어 김이 폴폴 나는 할머니의 쑥버무리가 생각나는 날이다.

- 수필 「팔자」 전문

구름나무의 이력 / Cloud tree history
Oil on canvas, 2022

구름의 발걸음을 멈추게 한

나무가 있었어.

날마다

나무는 움트는 꽃을 들고

목을 빼고 기다렸어.

흰 구름이 찾아오는 길목에서

가지에 걸린 구름과 속삭이는 나무를 보았지.

점점 무거워지는 구름

다시 하늘로 오른 먹구름 사이에서

꽃비가 떨어지고 있었어.

꽃이 피었다 / The flowers have bloomed
Oil on canvas, 2022

꽃이 피었다

몸이 가느다란 봄의 문턱에서

분양받은 생명

누군가에게 버려진 것이 아닌

선물이 된 삶

겨자씨만 한 믿음도 없이

낡은 화분에 던져진 그곳이

너의 구유였을까

밀어내지 못한 가슴앓이

저 홀로 꽃 피운

온몸이 아프다.

불꽃같이 / Like a flame
Oil on canvas, 2022

불꽃이 되어

붙잡고 싶었어요.

바람이 떠날 때마다

작은 불꽃들이 흔들리지요.

떠나는 모습에 입맞추고 싶었지만

잡지 못한 그늘 속에서 튀어나오는

까만 씨앗들,

여름의 자식들이 태어나고 있었어요.

첩의 맛 / The taste of concubine
Oil on board, 2022

사무실에 있는 남편에게 전화를 아무리 걸어도 받지 않았다. 집 정리를 하느라 늦게 출근한 나는 텅 빈 사무실에 의아했다. 바로 옆 빈 교실에서 남편 목소리가 은은하게 들려왔다. 애인에게 속삭이듯 무언가를 끊임없이 주고받는 목소리에 살짝 엿듣고 싶은 생각마저 들기 시작했다. 요즘 들어 지역사회 일에 열심을 보이는 남편이었다. 남의 이야기가 재미있는 아낙들 사이에서 간간이 동네 어느 남편과 아낙의 로맨스가 회자하는 일도 있었다. 저리 몰래 수군거리며 전화를 받는 것이 이상했다.

지난저녁, 예전에 맛있는 사과를 먹어보라고 추천해 준 지인의 전화를 받았다. 부사는 시원해서 아삭한 조강지처의 맛이고 감홍 사과는 달콤해서 착착 감기는 첩의 맛이라는 그녀의 말에 맞장구를 쳤다. 이미 당도가 높은 감홍 사과를 신청해 놓고 있는 터였다. 한 번 사 먹으면 또다시 먹고 싶은 맛의 감홍은 주문이 밀려 있었다.

지금 이 달콤한 사과가 떠오른 건 왜일까.

십여 분을 기다리니 남편이 들어오며 말한다.

"삼십 분이나 걸리네."

알고 보니 목사님이 출타 중인 이번 주일 설교를 연습해 보고 있었던 것이었다. 나 또한 괜한 의심에 한마디 던졌다.

"짧을수록 좋아."

설교가 짧은 것인지 늦바람이 짧은 것인지 공연한 상상이 짧을수록 좋은 가을,

너무 짧은 가을이 진득한 의심을 담을 수 없었나 보다.

영원한 잠 / Eternal sleep
Oil on canvas, 2022

너는 진정한 승자라고

속살거리는 음성

무성영화처럼 오물오물

마음속에

굶겨 놓은 목소리가 새어 나온다

또 다른 이름은 죽음이라고

영원히 허기지지 않는.

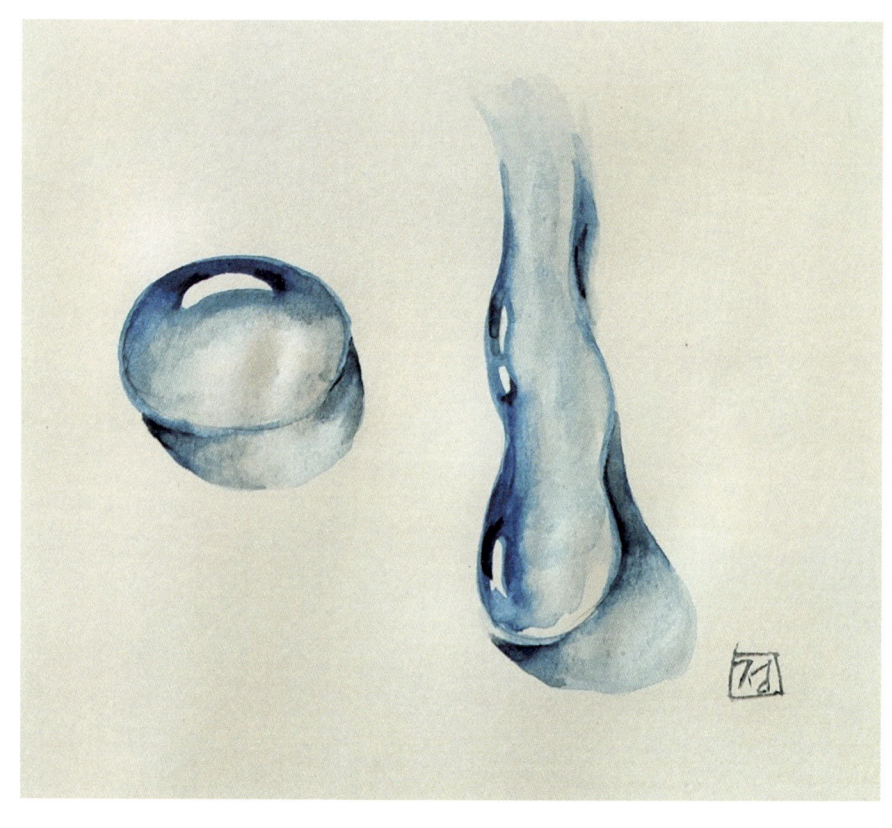

몽니 / Grumpy
Water color on paper, 2023

밤새 애끓는 소리가 가슴인지 목인지에서 쉬지 않고 새어 나왔다.

준서는 초등학교 3학년이다. 매번 약속을 지키지 않고 제멋대로 하려는 그 애가, 이번에도 어려운 문제가 나오자, 트집을 잡기 시작했다. 선생님이 어려운 문제로 자신을 골탕 먹이려 한다는 것이다. 말꼬리를 물고 늘어지며 큰 소리로 나를 비난하기 시작했다. 집에 가라는 나의 말에 "싫어요." "어쩌라구요 저쩌라구요." 짜증을 부리고 제 성질에 못 이겨 연필과 책을 내던졌다. 내 참을성이 한계에 달했을 즈음 그만 옆에 있던 공책을 둘둘 말아서 준서의 손등을 때렸다. "왜 폭력을 쓰는 거예요." 이내 교실은 서슬이 시퍼런 눈빛으로 소리치는 두 마리 짐승의 기 싸움터였다. 그 이후로 난생처음 쉰 목소리를 경험했다. 이제는 마음껏 고함칠 수 있는 나이는 아니라는 걸 말이다. 가래에 피가 섞여 나오기 시작했다. 잠자리에 들자 누군가 잠자리로 따라 들어왔다. 성대도 인격을 가진 듯 저절로 조잘거리고 있었다. 목감기의 후유증이려니 별일 아니겠지 싶어 눈을 붙이다가 괜스레 불안이 엄습해 왔다. '큰 병이면 어쩌지?' 고요히 자숙의 방에 들어가 쉬었어야 했다.

밤늦게까지 목 언저리 길목 어딘가에서 배고픔에 지친 성냥팔이 소녀가 성냥을 그어댔다. 숨쉴 때마다 어린 소녀는 갸릉갸릉 외계어를 내뱉는다. 아 아 나의 헛기침 신호에 답창으로 들려오는 생경한 목소리는 핀잔을 주는 듯했다. 내 어딘가에 저런 음성이 숨어 있었단 말인가. 혼자서도 이중창을 부를 수 있겠구나. 하는 어처구니없는 생각까지 들게 했다. 자신을 알아달라는 아이의 몽니를 나는 아직도 고분고분한 제자들을 그리워하는 매너리즘 교사의 몽니로 받았던 건 아니었을까. 내일은 상처받은 준서의 손을 잡아야겠다.

- 수필 「몽니」 전문

3부_바람 속으로

바다 / Ocean
Oil on canvas, 2022

썩어가는 뿌리를 잘라냈다.
짓물러 뚝뚝 떨어지는 기억과
이별을 고하지 못한 질긴 잎들이
여전히 매달려 있는 오션[*]
그리움이 모이면서
푸름이 더 짙어졌다.

* 관엽식물

오늘 / Today
Mixed media on board, 2022

꿈속은 높은 언덕도 섬광처럼 지나친다.

창밖에서 아침이 부르는 것 같아

오렌지 껍질을 까던 어제가

끄적이던 노트를 더듬는다.

과일 향기가 사라진 것을 보니

잠도 꼬리를 뻗고 일어나려나 보다.

여전히

몽유병에 걸린 밤이 소리치고 있었지만

나는 오늘로 걸어 나왔다.

술람미 여인 / A woman of sulam beauty
Oil on canvas, 2022

솔로몬의 아가서에 나오는 술람미 여인을 그리고 산에 올랐다.

계속된 작업에 몸이 무거웠다. 오래된 소나무의 껍질을 보자 내 손 같아서 손을 얹어 쓰다듬었다. 간단히 축원하고 나자, 발걸음이 한결 가벼워졌다.

나무와 교감이 되는 시간이 신과 합일하는 시간은 아닐까.

어느덧 사방 둘러싸인 골짜기를 울리며 솔 향 밴 듯한 염불 소리가 들렸다. 소리는 공중에 파문을 새기고 듣지 못하던 귀를 열게 한다. 내 안에서 들리는 소리를.

하산하는 중에 대추 향 풍기는 산중 카페에 들어섰다.

진한 대추차를 휘젓는다. 휘저을 때마다 외면했던 잘못을 떠올린다. 대추 건더기처럼 가라앉았던 핏빛 후회를 가만히 건져 보았다. 잘못이 있음을 직시한 것에 감사했다.

온통 사랑 이야기로 가득한 아가서는 어쩌면 하나님을 향한 솔로몬의 신앙 고백일 수도 있겠다 싶었다. 대추차의 향기를 맡으며 나도 사랑을 그리고 싶어졌다.

사람을 피해 오른 카페 안에 진한 대추 향기가 앉아 있었다.

정원에서 / In the garden
Oil on canvas, 2022

유월의 정원은 새신랑 같은 봄을 떠나보내며 수줍은 티를 벗고 절정에 이른 꽃들의 교태의 장이다.

색마(色魔)니, 얼굴빛을 의미하는 성색(聲色)이니 하는 단어와는 이웃할 기회가 없었는데 오색찬란한 꽃들은, 잃었던 내 안의 본색을 깨운다.

꽃을 향한 성색을 감출 수 없다.

치열하게 보이는 우리 삶이 시절 따라 피고 지는 꽃에는 아무 의미가 없는 것처럼 그냥 그대로 아름다운 꽃들을 바라보는 것이 행복은 아닐까.

성(聲)에서 성(性)으로 치닫는 우리와 달리 꽃들은 자연 그대로의 바람 소리를 즐긴다. 성(聲)에서 생명의 호흡이 들리는 오늘이다.

불릿 헤드 / Bullet Head
Oil on canvas, 2022

'고집쟁이'라는 뜻의 영화 「불릿 헤드」는
범죄 경력을 가진 세 사람이 절도 계획을 세웠으나
계획이 어그러지면서 투견이 이루어지던 창고에
갇히게 되며 이야기가 전개된다.
그곳에서 그들은 쫓아오는 경찰들과 살인 청부업자들,
그들을 노리는 거대한 살인견들과 마주하게 된다.
사느냐 죽느냐의 갈림길에서 갈등하는
에이드리언 부로디에게 존 말코비치는 말한다.

"과거는 바위와 같지.
붙들고 있으면 헤엄쳐 나갈 수 없어."
"이미 예정된 불행을 미룰 필요가 뭐 있겠어?"

아이들을 가르치면서
좋은 스승이 되어야겠다는 사명감을 잊은 지 오래다.
미래가 예견되는 어린 제자와 말씨름하는 나를 보고
취미생 제자가 말한다.
"선생님, 타인과 과거는 못 바꾼대요.
현재와 미래 그리고 나는 바꿀 수 있답니다."

살다 보면 원하지 않는 상황에 부닥칠 때가 있다.

분노 장애를 앓고 있는 아이를,
바위같이 고집스러운 어르신을,
뒤로 넘어져도 코가 깨졌던 과거를 이해해 본다.

불행은 신이 우리에게 주는 시험은 아닐까
인생을 졸업한다는 것은
매 학기 시험을 거쳐야 하는 것이다.
망쳐버린 시험에 연연한다면
우리 미래에 투자할 시간이 줄어드는 것일 뿐
지금부터라도
바꿀 수 없는 것들을 붙잡지 말고
바꿀 수 있는 나로 변화시켜야 한다.

모든 것이 흔들릴 때
흔드는 것이 스쳐 지나가는 바람이라는 것을,
예정된 불행은 빠를수록 좋지 않은가.

4부

사람 속으로

바람 부는 대로 / As the wind blows
Oil on wood board, 2022

오래전에 피아노 건반과 악수(握手)했던 손가락 마디가 시큰거렸다.

음악을 전공하고 학원을 운영하는 나에게 조리사로 일하는 S가 피아노를 배우고 있다. 바른 손 모양을 교정해 주려다 나무껍질처럼 거친 그녀의 손이 손등에 스쳤다. 가슴이 뜨끔거리는 나에게 그녀는 겸연쩍게 웃으며 입을 뗐다.

"원장님 손은 곱네요."

그녀도 내 느낌을 다 알고 있다는 듯 그녀 손의 내력을 밝히는데 나도 고백했다.

"실은 겉만 번지르르해요.

요즘은 직업병인지 손마디 마디가 온종일 쑤시네요."

우리는 교습도 잊은 채 동병상련의 입담으로 수업의 꼬리를 잘라먹고 있었다.

나의 손 상태를 안 S의 권고로 즉시 물리 치료기를 구매했다.

저녁마다 파스로는 쉬 낫지 않는 삶의 흠집에 붉은 꽃물 같은 파라핀이 덮였다.

몸 깊숙이 숨어 언젠가 튀어나올 기회를 엿보고 있을 염증은 잔잔하던 생활이 균형을 잃을 때가 되면 거침없이 녹슨 몸의 틈 사이에서 터질 것이다.

소리 없는 비명을 지르며 온몸으로 퍼져나갈 것이다.

스웨덴의 보 비더버그 감독의 1967년 로맨스 영화, 「엘비라 마디

간」은 실화에 바탕을 둔 영화로 상류층에 속했던 처자 있는 중위와 서커스 줄타기 댄서와의 사랑 이야기다. 그들의 비극적인 사랑의 도피는 종국에 죽음으로 끝난다. 무엇이 그들에게 평온한 일상을 저버리게 했을까. 일상의 일탈을 유도하는 지루함에서 파생된 자식이리라. 평온은 누리지 못하는 이에게는 꿈이나 포화 상태에서는 고역일 뿐이다. 첫눈을 사로잡은 만남이 사랑으로 시작했으나 도덕적인 관점을 외면한 인연이 악수(惡手)로 끝났다.

허겁지겁 막차를 타듯 충분한 준비 없이 맞이하는 나의 종착지 또한 불 보듯 뻔한 결말이 기다리고 있는 것은 아닐까.

시인 윤동주는 「쉽게 쓰인 시」에서 말한다.

인생은 살기 어렵다는데/시가 이렇게 쉽게 쓰이는 것은/부끄러운 일이다.//육첩방은 남의 나라/창밖에 밤비가 속살거리는데,//등불을 밝혀 어둠을 조금 내몰고,/시대처럼 올 아침을 기다리는 최후의 나.//나는 나에게 작은 손을 내밀어/눈물과 위안으로 잡는 최초의 악수. 라고.

시인은 스스로 선택한 악수(惡手)와 행복하게 악수하며 최후를 맞이했다. 자신이 선택한 결정에 눈물과 위안을 보낸 것이다. 부끄러운 삶을 뛰어넘기 위해서 죽음과의 악수도 불사한 시인,

그의 꿈같은 초원을 밟으려는 악수(握手)는 한 편의 시를 쓰는 것

일지도 모르겠다. 나는 무엇과 악수해야 하려나.

　시나브로 부고 소식이 카톡 거리며 죽음을 알리고 엔도르핀 치솟던 전성기는 떨리는 피스톨에도 쓰러진다.

　쿡쿡거리는 후회가 밤비처럼 속살거리는데 초대하지 않은 어둠이 다가온다. 지나가 버린 젊음은 이미 남의 나라, 시대처럼 올 아침을 악수(惡手)로 맞이해야겠다. 악수로 만난 관절염은 겸손하게 살라는 신의 선물은 아닐까.

　바람 부는 대로 흔들리는 몸이 된 것이다.

　짧은 삶의 밀회 시간을 지나 연습실 너머 과거를 그리워하는 신음에 동행해 줄 노래, 「엘비라 마디간」의 삽입곡인 모차르트 피아노 협주곡을 듣는다.

- 수필 「握手·惡手」 전문

골목 어귀에서 / At the entrance of an alley
Mixed media on canvas, 2024

벌써 매화꽃이 지는 중이지만 새벽은 여전히 겨울을 잊지 못한다. 산책하러 나갈 때도 제일 먼저 두툼한 모자를 집어 들게 된다. 시린 무릎도 바르르 떨며 기모바지를 원한다.

늦은 아침 설거지를 마치고 들어온 일터, 학원 사무실 책상에 누런 봉투의 소포가 놓여 있다. 근자에 책을 냈다는 대학 동창 희용의 이름이 씌어 있는 겉봉을 와락 뜯자, 글과 그림의 필자가 동일하다. 그림을 그리던 그녀가 시를 쓴 것이다. 일과 가정을 동시에 해내던 희용이 언제 이런 글을 쓴 것인가. 시집치고는 꽤 두툼한 첫 장을 펼쳤다. 신앙 고백적인 글의 행간을 빠르게 비집고 들어가자, 인생을 달관한 듯 겸손함으로 신과의 합일과 경외를 고백하는 시어들이 가슴을 흔들었다. 그 순간 35년 전 미국으로 시집갔던 혜성의 톡이 날아왔다.

"혜정아, 한국에 왔어. 인자 언니 개인전에서 만날 수 있을까? 4시에 만나자."

아이들 수업이 한산한 하루였다. 지금 보지 못하면 언제 볼지 모를 시간을 위해 부리나케 휴강을 공지했다.

개인전 행사 후 음식점 '촌'으로 가기 위해 인사동 14번 길로 들어섰다. 오른쪽으로 고 천상병 시인의 부인이 운영하던 커피숍 '귀천'이 보였다. 누군가 "저 찻집은 너무 올드해." 올드한 목소리가 치기라도 부리듯 귓전에 와닿았다. 바로 옆 새로 단장한 듯한 '한옥 찻집'으로 들어갔다.

테이블 위의 찻잔들이 유난히 달그락거렸다. 공백이 되어버린 관계의 틈새를 메우기 위해 안부를 묻는 어휘들이 징검다리 놓았다. 그러나 오래 묵은 기억의 갈래가 자주 길을 잃었다. 희용은 대학 시절 미경이와 절친이었음을 각인시키려 여러 번 맞장구를 쳤다. 그런데도 미경이는 그녀와 노닐던 순간들을 기억하지 못했다. 지금은 교수가 된 미경의 지난 한순간은 복원이 불가능해 보였다. 삶의 촘촘한 시간을 바람처럼 흔드신 하나님을 체험하며 글을 쓴 희용의 시집을 한 권씩 사며 각양각색 삶의 이야기가 오갔다. 유튜버도 하고 책도 내고, 작품 변신도 하며 각자의 처소에서 열심히 살아가는 모습을 격려하고 칭찬했다. 모두 30년은 너끈히 멋지게 살아낼 것 같았다.

그러나 대학을 졸업한 지 40년이 지난 우리는 염색하지 않으면 반백의 머리를 숨길 수 없는 얼굴을 하고 있다. 약속의 땅 가나안에 들어가기 위해 광야에서 40년을 돌고 돌게 만든 신의 섭리같이 우리는 각자의 골목에서 40년을 돌고 돌았던 시간에서 잠시 빠져나와 서로를 바라봤다. 실타래와 같이 서로 얽힌 골목들은 얽히고설킨 또 다른 인연의 타래를 만들어 도저히 떨어트릴 수 없는 덩어리가 되어 있었다. 잃어버린 시간도 있고 잃어버렸음에도 깨닫지 못하고 사라진 시간이 있다. 여러 갈래의 시간을 빠져나온 골목의 끝자락엔 무엇이 버티고 있을까.

현재와 내일만이 변화할 수 있는 여지를 주는 것이라지만 이제 올드한 것을 못 참는 올드한 우리에게 미래를 바꿀 열정이 얼마나 남아 있을까.

  색을 다 빼버린 바다 같은 여인들이 시린 마음을 열고 찻집의 시간을 점령하고 있다. 인사동 오래된 골목 어귀에서 목을 길게 뺀 웃음소리가 오래도록 팔랑거렸다.

- 수필 「골목 어귀에서」 전문

기일 / An anniversary of the death
Digital art, 2018

바람도 퇴근한 추모 공원

고인의 응답인 듯

한참 숙인 머리를 툭툭 빗방울이 건드린다

때 놓친 허기가 밥상을 찾아

허겁지겁 들어선 시골 음식점

비 맞은 흰나비 우릴 맞이한다

쏴아아

문턱을 넘자마자 쏟아지는 아버님 목소리

소나기같이 퍼붓던 질책도 이제는 사라져

텅 빈 공중만 남았는데

여전히 방안을 휘도는 나비

유난히 남편 주위를 맴돈다

흰 모시 적삼 즐겨 입으신 아버지

보고 싶은 그리움이

밥상을 떠돌며 달그락거리는데

이날만 되면 줄어드는 말수에도

철벙대는 가슴속

돌아가야 할 시간을 놓치는 것은

저편의 기억도 매한가지일까

제자리로 돌아갈 아들의 어깨를 스칠 듯

빠져나가는 아비인 듯

나비는 축 처진 어깨를 흔들며 하늘로 향한다

- 詩 「기일」 전문

당신을 기다립니다 / I'm waiting for you
Oil on canvas, 2022

오후 6시에 파장합니다.
전단에서 빠져나오는 숲
소란한 장신구는 입장 불가라며
탈색한 안내판이 끼익 몸을 비튼다.
햇살에 묶이고 싶은
마리오네트만 오를 수 있는 길
도시의 뿌리를 끊고 올라온 이국인에
70만 자작나무들이
두둥둥 초록 봉화를 올린다.
누군가 기다리는 옹이의 절박한 눈빛은
타다만 재의 기도처
속에 있어도 그리운 산을 거죽에 새기며
제를 올리는 나무들
거침없이 뻗다가 꺾이던 우듬지는
이승과 저승의 환승역이 된다.
겹겹 사연을 품은 산등성이 하늘과 만나고
처진 잎을 세우던 바람 소리 열병이 끝나면
푸드덕
무당새가 하늘로 떠나는 시간이다.

채이 / Chae Ee
Water color on paper, 2023, by 김상호

서너 달 전부터 남편과 머리를 맞대고 예쁜 이름 짓기에 들어갔다.

6월이면 귀여운 공주가 태어날 예정인 아들 내외가 가족들에게 이름을 공모했기 때문이다. 두고두고 손녀 이름을 부를 때마다 작명 턱을 단단히 할지도 모를 일이었다. 남편은 컴퓨터로 '아기 이름' 검색에 들어갔다. 종성에 'ㄴ'과 'ㅇ' 받침이 있는 것이 발음하기에도 좋고 겸사겸사 좋다는 정보에 거의 십여 개의 이름을 나열해 보았다. 하윤, 채윤, 아윤, 아이, 채영…. 남편은 '하나님의 은혜가 가득한'이라는 이름의 하윤이 마음에 들었고 나는 '채'자가 꼭 들어갔으면 좋겠다는 며느리의 의견에 '빛날 채(彩)' '영리할 이(俐)'로 채이라고 이름을 지었다.

이렇게 머리를 맞대고 손녀 이름을 짓는 시대에 살게 된 것이 얼마나 다행인가.

100여 년 전 조선 시대에는 평민 남자 이름에 특별히 쇠자가 들어가는 경우가 많았다고 한다. 장쇠, 돌쇠, 은쇠, 가랑쇠 등 쇠자는 금(金)을 의미하기에 돈을 많이 벌어 행복하기를 비는 마음에서 지었을 것이다. 길가의 민들레나 개나리도 이름이 있는데 그런 이름조차 얻지 못하던 그 시대 여자들은 이름 조차도 없는 경우가 허다하고 양반가의 여식들은 호로 불리는 경우가 많았다 한다. 혈통을 중요시하는 사회에서 여자의 이름은 오히려 겉치레가 될 뿐이었을지도 모른다. 여자들이 가축의 신세와 다를 바 없던 역사였다.

우리나라 사람들이 누구나 성명을 가지게 된 것은 극히 최근이라고 한다. 1910년 작성된 민적부에는 이름이 없는 사람이 있는 사람의 1.3배에 이르렀다고 한다. 그 시대에는 복이, 선이, 홍이처럼 '이(伊)' 자가 들어간 이름을 가진 여자들이 많았다. 이는 쉽게 부르기 위한 외자 이름에 편의적으로 한 글자를 첨부한 것이다. 어느 시대건 사람들은 이 세상에 유의미한 존재로서 인정받고 싶고 그 대표적인 목적어로서의 호칭이 불리기를 원하는 것 같다.

이제 남녀평등을 넘어서 여성 우위를 점하는 시대에 '어조사 이(伊)'가 아니라 '영리할 이(俐)'의 손녀가 자신의 존재를 마음껏 나타낼 수 있었으면 한다. 아직 이름이 정해진 것도 아닌데 수시로 '채이'를 들먹이며 순산의 기도를 드린다. 혹여 김칫국을 마시더라도 호랑이가 가죽을 남기듯 세상에 이름을 남기고 갈 귀한 손녀를 고대함은 할머니들의 공통된 기원이 아니던가. 라틴어에서 유래하는 가족(family)이란 Father, And, Mother, I, Love, You의 첫 자를 따서 만들어진 것으로 '아빠 엄마는 너희를 사랑해'라는 뜻이라고 한다. 가족은 혼인, 혈연으로 이루어져 있는 것. 책임감으로 하나된 공동체에서 새로 이름을 짓는다는 것은 무한한 힘을 주고받을 수 있는 존재가 생긴다는 것이다. 세상에 나올 준비를 한 연둣빛 이름이 이제 초록으로 물들고 있다. 6월에 찾아올 손녀 생각에 마음이 팔랑거린다.

'채이야, 환영해.'

― 수필 「채이」 전문

세라피나 소천하다 / Serapina goes to her death
Water color on paper, 2023

십 년을 훌쩍 넘긴 밤마다
친구는 파랑새를 기다렸다.
아프고 아팠지만
파랑새는 오지 않았다.
몸이 공기보다 가벼워졌을 때도
친구는 미소를 잃지 않았다.
이 세상 문턱이 낮아진 순간
이천이십삼년 이월 이십일
혹독한 겨울을 지나온 세라피나
파랑새가 기다리는 세상으로 건너갔다.
평온한 눈빛의 봄이
새로 피어나고 있었다.

아버지 / Father
Disital art, 2018

유학 가 있는 둘째 보러 미국 가는 날,
홀로 떠나는 첫 여행에
겁 많은 큰딸이 걱정스러워
도로까지 배웅한
아버지,

반백 년 지난 초등학교 입학 때도 그랬었죠.
홀로 교문 향해 들어가는 딸아이 걱정스러워
그윽한 눈빛 되셨던
아버지,
당신 가슴엔 늘
걱정이란 큰 별 하나 달려 있었지요.

밤하늘 어느 별보다 반짝이던 그 빛이
수도 없이 빛났을 텐데

이제야 보이나 봐요.
너무 늦은 건 아닌지

내일이라도 좋아하는
도가니탕 한 그릇 사드려야겠어요.

새벽 / Dawn
Acrylic on wood board, 2017

또

연기가 올라가나 보다

망할 놈의 개

단잠을 깨우는 걸 보니

겨울마다 철새처럼

하늘로 가는 가벼워진 영혼들 때문에

흰둥이 우리 개도

같이 가고 싶나 보다

하얗게 빛나는

별이 되고 싶나 보다.

꽃 소리 / The sound of flower
Oil on canvas, 2019

공터에는 소리가 가득했다

진득거리는 손버릇을 매단 사람들이 늘어갈 때마다

매번 목이 부러진 꽃이 생겼다

내뱉지도 못하고 잘린 소리를 밖으로 던졌지만

호흡이 짧은 뒷소리가 바닥에 쌓이고

어떤 것은 스스로 말라 사라졌다

잘 익은 소리는 공터 너머로 심어지길 바랐다

그러나 어느 쪽으로 가야 할까

반송의 입 끝이 타들어 가기 시작하자 손을 탔다는 소문이 돌았다

외로이 빈터를 지키는 갈참나무에 기어오르던 덩굴손처럼

여전히 제 다리를 복제하며

사방팔방 입 없는 소문을 날랐다

꼭대기까지

기생을 허락한 나무를 위해

맹지가 되어버린 숲을 위해

공터 안의 어떤 소리라도 내보내지 않겠다고

망초꽃으로 세운 담 밖으로

소리가 빽빽하게 피어나고 있었다

- 詩「꽃잎 떨어지는 소리」전문

소실의 자리 / A place of destruction
Pen drawing on paper, 2023

소통 전문가 중 한 명인 K 강사, 자신이 알츠하이머일지도 모른다는 고백이 인터넷 포털 사이트에 떴다. 그는 50대 초반이다. 그의 강의를 즐겨 듣던 나의 시선이 한참 동안 미궁의 어둠 속에 꽂혀 있었다. 혹여 나 또한 그런 징후가 나타나지 않을지 두려움이 스멀스멀 돋아나기까지 했다. 알츠하이머는 원인을 알 수 없는 노인성 치매로 뚜렷한 뇌 위축을 보이며 기억력과 지남력이 감퇴하는 병이다. 뇌 속에 독성 물질이 되는 아밀로이드라는 단백질이 쌓여 신경 세포가 죽어간다. 전체 치매의 65% 정도 해당하는데 서서히 진행된다고 한다. 우리의 수명은 길어지는데 점점 치매의 발병률은 빨라지고 있는 요즘이다.

가족들이 유난히 분식을 좋아해 하루 한 끼는 칼국수나 라면을 즐겨 먹곤 한다. 바로 집 앞에 있는 칼국수 가게로 가서 뜨끈한 바지락 칼국수를 주문했다. 국물을 한 스푼 입에 넣자 "앗 뜨거." 입안이 데일 것 같았지만 그대로 국물을 삼키고 말았다. 목구멍이 따끔거렸다. 그럼에도 허겁지겁 면발을 듬뿍 건져 입에 넣었다. 잘 씹지도 않고 또 한 번 꿀꺽 삼키고는 물김치를 씹는데 잇몸이 시큰하다.

'어, 왜 시큼하지?'

분명 아침과는 다른 치아 상태였다. 이리저리 혀를 굴려 보니 보철해 넣었던 어금니의 크라운이 사라져버린 것 같았다.

'에구머니! 내 이가 어디로 간 거야?'

먹는 둥 마는 둥 치과를 예약하고 달려갔다. 의사는 떨어져나간 금 보철물이 없으면 다시 금으로 씌워야 한다며 55만 원이 든다고 말했다.

"엥, 왜 그리 비싸요?"

"금값이 엄청 올랐잖아요."

다시 본을 뜨기 위해 부분 마취를 하고 진찰대에 누웠다. 윙윙거리며 입안을 휘젓는 흡입기의 기분 나쁜 소음이 들리지도 않을 만큼 뱃속에 들어 있을 55만 원짜리 금 보철만 떠오를 뿐이었다. 잠시 끼고 있을 의치를 다듬는 간호사가 치아의 표면을 고르게 하기 위해 나에게 이를 움직여 보라고 했다.

"딱딱 해보세요. 질근질근 갈아보세요." "아이고! 볼을 씹으셨네요. 피가 나와요."

감각이 없는 볼의 안쪽을 씹고 말았다. 마취 언저리는 나에게 존재하지 않는 부분 같았다. 그곳은 나의 것이 아닌 맹목의 세계요 느낌이 가사(假死)된 시간이다. 피가 나온다는 소리에 조용하던 심장이 움찔거렸다. 시커먼 물속으로 빨려 들어가는 기분 같았다. 그러나 곧 어떠한 움직임도 없는 고요의 세계가 느껴지고 편안하기까지 했다. 고통을 느끼지 못한다는 것이 참으로 행복한 것이 될 수도 있겠다는 생각이 들었다. 무채색의 커다란 구렁이 확장되며 다가오자, 정신이 깨는 것 같았다.

'돌연 가야 할 방향과 장소를 잃어버릴 수도 있겠구나.'

잃어버린 나의 보철물이 어디에 있는지 잃어버린 유명 강사의 기억이 어디에 있는지 생각해 보았다. 구불거리며 소화를 멈추지 않는 위 속에서 빠져나갈 궁리를 하는 그 물건은 곧 모습을 드러낼 것이지만 알츠하이머병을 앓고 있는 환자의 기억은 다시 그 모습을 드러낼지 모호하다. 잇몸에 마취되었던 감각은 시간이 지나면 곧 제 기능을 찾고 험난했던 치료 시간을 기억할 것이지만 독성 물질에 죽은 뇌신경을 다시 회복시키는 것은 힘들 것이다.

 우리는 이제 누리며 살던 것들을 포기하는 법을 배워야 할지도 모른다. 잡을 수 있는 공간과 시간을 잡지 않겠다는 포기 각서를 써야 할 때다. 비문증이 생긴 후로 삼차원의 세계를 영위하던 나의 시야가 점의 세계인 영 차원으로 환원되어 가는 것을 느낀다. 선행하던 삶에서 다시 처음으로 역행하는 것이다. 원하지 않았던 독성 물질 같은 관계들이 우리의 삶을 무너트릴 수도 있지만 그래도 삶은 그 소실점이 사라지는 그 순간까지 존엄하게 유지되어야 하지 않을까. 누군가는 다시 원초로 돌아가는 방법으로 알츠하이머라는 퇴행을 선택한 것일 뿐이다. 인생길에 놓인 퇴행의 징검다리를 한 발 한 발 딛고 건너 복잡한 삶을 단순하게 정리해야겠다. 미리 수많은 관계망을 정리해 둔다면 언젠가 올 소실점이 사라지는 시기가 그리 아쉽지만은 않을 것이다. 혹시 아는가. 무한 정적과 고요가 준비되어 있는 그 세계가 참된 평안의 안식처일지. 깊이를 가늠할 수조차 없는 어두운 심연을 본 듯도 하지만 나는 감히 그 공허한 세계를 떠올리지도 못하겠다.

- 수필 「소실의 자리」 전문

만나를 거두는 시간 / Time to collect Manna
Oil on canvas, 2023

유대인은 광야에서 만나를 먹고

신을 알았지.

궁핍의 시간이 되어야 만나를 볼 수 있지.

누구나 주울 수 있는 만나의 시간이 되어

서로를 볼 수 있어.

내 안에 숨긴 선한 빛을 주는 그 시간이

결핍이 숨을 쉬고 찬란한 빛이 되는

생명의 시간이 아닐까.

빛을 받아야 살아나는 생물들처럼

빛은 만나고 만나는 사람이다.

빛 속으로 / Into the light
Acrylic on canvas, 2024

어둠이 밀려오기 시작하면 빛나는 존재.

묘지를 밝히는 가로등 같은 십자가들을 보며,
우리들은 왜 이다지도 많은 십자가를 세우는지
생각한 적이 있다.
낮에 보이지 않았던 치부를 깨닫기 위해?
그랬으면 좋으련만,

수천 년 역사의 더께를 비추는 도시의 빛이여!

깊은 수렁에서 뿌리를 내리는 연꽃처럼 어둠에
뿌리 내려라.

낮은 곳,
슬픈 곳,
다툼이 있는 곳,
홀로 외로이 스러지는 곳,

삶이 바닥인 곳에.

빛 속으로 / Into the light
Acrylic on wood board, 2024

책을 마치며

　책을 만들면서 나를 되돌아보는 시간이었다.
　최근 「멜로가 체질」이라는 드라마를 본 적이 있다. 사람들에게 슬픔과 치유 그리고 행복을 가져다주는 것이 사랑이라는 것을 맛깔스러운 대사로 시청자를 즐겁게 해 준 드라마였다. 나에게도 '예술이 체질'이고 싶은 무한한 열망이 있었던 것을 이번 작업을 하면서 깨달았다. 날마다 떼어낼 수 없는 슬라임 같은 그림과 글을 썼으면 좋겠다. 내 속에서 태어난 가느다란 글과 그림의 빛줄기가 주위를 밝히는 것이 되면 더 좋을 것 같다. 욕구 충족이 삶을 행복하게 하는 수단이 된다고 한다. 욕구가 충족되지 못한 사람들은 머리에 불이 붙기 시작하고 조기 소등하지 않으면 걷잡을 수 없이 번진다고 한다. 머릿속의 불, 현대인이 당면해야 하는 불안이다. 글과 그림이라는 생수를 불붙은 이들에게 마음껏 뿌릴 수 있는 소방수가 되고 싶다. 삶이 지는 그 순간까지 쓸 수 있는 자유와 동행하는 그림이 있어 행복하다.